この本について

- ディズニー映画のストーリーで英語を楽しみましょう。知っているキャラクターの名前や、物語のポイントをこの本で探してみましょう。

- この本の最後で、ストーリーのなかに出てきたアルファベット、単語、会話表現について紹介しています。絵と文章を見直しながらくりかえし読んでみましょう。

- この本では、英語の初心者の学習のためになるべくことばの数を少なくし、あえて単純な表現を使っている場合があります。

- Words は文章に出てきた単語や熟語の日本語訳です。主語が "I"(私)や"You"(あなた)以外で1人のときなどに、動詞の形が変わることがあります。

  (例) I meet Anna.

  You meet Elsa.

  Elsa meets Olaf.

  このような場合、 Words ではmeet(s)と表記しています。

- 学習に役立ててもらうために日本語訳はなるべく直訳で表記しています。映画のDVDやBlu-rayなどの音声や字幕とは、ことなる表現になっている場合がありますが、あらかじめ、ご了承ください。

英語で楽しもう ディズニーストーリー ①

アナと雪の女王

【監修】荒井和枝
筑波大学附属小学校教諭

Princess Elsa and Princess Anna are sisters.

Anna is happy sister.

Words • princess 王女 • Elsa エルサ • and 〜と • Anna アナ • sisters 姉妹 • happy 幸せ

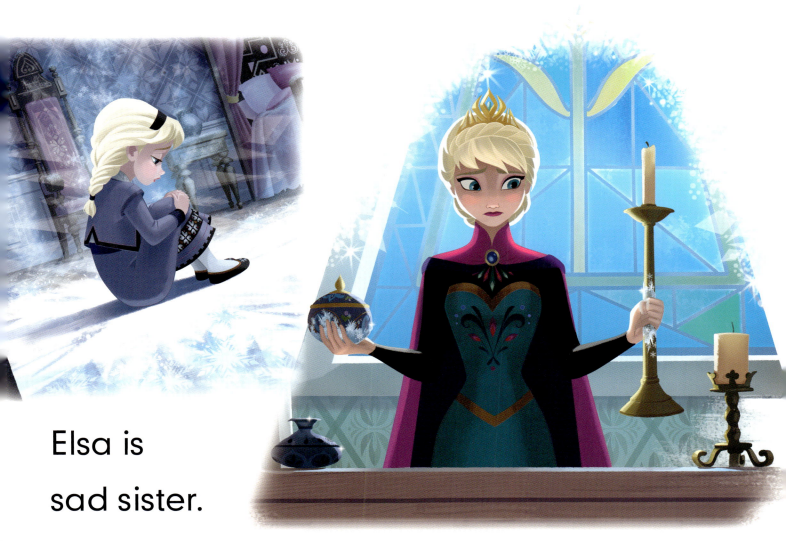

Elsa is
sad sister.

Words • sad 悲(かな)しい

Queen Elsa runs away.
She makes the snow and ice!

Words • queen 女王 • run(s) away にげる • make(s) つくる • snow 雪 • ice 氷

"Let it go!
I'm free!"

Words • let~go ～をときはなつ • free 自由(じゆう)

Anna gets on her horse.
Ride, Anna, ride!

Words • get(s) on~ ～に乗る • horse 馬 • ride 乗る

Anna falls off.

It's cold outside.

Words ● fall(s) off 落ちる ● cold 寒い ● outside 外

Anna meets Kristoff.
His reindeer is Sven.

Kristoff goes in…
then out again!

Words
- meet(s) 出会う
- Kristoff クリストフ
- reindeer トナカイ
- Sven スヴェン
- go(es) in〜 〜に入る
- then そして
- out 外へ
- again ふたたび

Anna, Kristoff and Sven go to find Elsa.

They meet a snowman.

"Hi, I'm Olaf, and I like warm hugs!"

Words ● go to find〜 〜を探しにいく ● meet 出会う ● snowman 雪だるま ● Olaf オラフ
● like 好き ● warm あたたかい ● hugs ハグ、抱きしめること

Anna and Kristoff go, go, go!
Sven climbs fast.

Words ● climb(s) 登(のぼ)る ● fast 速(はや)く

Anna climbs slow.

Words • slow おそく

Anna enters first.

Kristoff enters last.

Words ・enter(s) 入る ・first 最初に ・last 最後に

Elsa freezes Anna with an icy blast!

Words ● freeze(s) こおらせる ● with~ ~で ● icy blast 氷の疾風

Little snowman.
Big snowman!
Run! Run! Run!

Words • little 小さい • big 大きい • run 走る

Anna is freezing.

She is worried, too.

They hurry back to the castle.

Words: freezing こおってきている ・ worried 心配になった ・ too〜 〜もまた ・ hurry 急ぐ ・ back to〜 〜にもどる ・ castle 城

Actually, Hans is a bad guy!

Watch out!
Hans attacks!

Words
- actually ほんとうは
- Hans ハンス
- bad guy 悪い男
- Watch out! あぶない！
- attack(s) 攻撃する

Anna's body freezes to solid ice.

Words
- body 体
- solid ice かたい氷

Anna is in front.

Elsa is in back.

Words   • in front 前に   • in back 後ろに

Elsa hugs Anna and cries.
Then Anna begin to thaw!

Words ・cries 泣く ・then すると ・begin to〜 〜しはじめる ・thaw 溶ける

Winter ends. Summer starts.
Elsa and Anna are so happy!

Words • winter 冬 • end(s) 終わる • summer 夏 • start(s) 始まる • so とても

Sisters together.
Elsa, Anna, and Olaf...

| Words | together いっしょ |

Friends forever!

Words • friends 友だち • forever 永遠

日本語に訳してみよう！

ストーリーの英語を日本語に訳しています。参考にして英語学習に役だてましょう。

p.2 Princess Elsa and Princess Anna are sisters.
エルサ王女とアナ王女は姉妹です。
Anna is happy sister.
アナは幸せな妹です。

p.3 Elsa is sad sister.
エルサは悲しい姉です。

p.4 Queen Elsa runs away.
エルサ女王はにげます。
She makes the snow and ice!
彼女は雪と氷をつくりだします。

p.5 "Let it go! I'm free!"
「心をときはなつの！私は自由よ！」

p.6 Anna gets on her horse.
アナは馬に乗ります。
Ride, Anna, ride!
進め、アナ、さあ進め！

p.7 Anna falls off.
アナは落ちました。
It's cold outside.
外は寒い。

p.8 Anna meets Kristoff.
アナはクリストフに出会いました。
His reindeer is Sven.
彼のトナカイはスヴェン。
Kristoff goes in…then out again!
クリストフはお店に入りましたが……ふたたび外へ！

p.9 Anna, Kristoff and Sven go to find Elsa.
アナとクリストフとスヴェンはエルサを探しにいきます。
They meet a snowman.
彼らは雪だるまに出会いました。
"Hi, I'm Olaf, and I like warm hugs!"
「やあ、ぼくはオラフ。やさしく抱きしめてもらうのが好きなんだ！」

p.10 Anna and Kristoff go, go, go!
アナ、クリストフ、さあ行け、行け、行くんだ！
Sven climbs fast.
スヴェンはすばやく登ります。

p.11 Anna climbs slow.
アナはゆっくり登ります。

p.12 Anna enters first.
アナが最初に入ります。
Kristoff enters last.
クリストフは最後に入ります。

p.13 Elsa has a palace.
エルサは宮殿をもっています。
"No, I can't. I…I don't know how!"
「だめよ、できないわ。私……どうすればいいかわからないのよ！」
"Sure you can. I know you can!"
「エルサならできるよ。ぜったいできる！」

p.14 "I can't!"
「できないって言ってるの！」

p.15 Elsa freezes Anna with an icy blast!
エルサはアナを氷の疾風でこおらせます！

p.17 Little snowman.
小さな雪だるま。
Big snowman!
大きな雪だるま！
Run! Run! Run!
走れ！　走れ！　さあ走れ！

p.18 Anna is freezing.
アナはこおりはじめました。
She is worried, too.
彼女は心配にもなってきました。
They hurry back to the castle.
彼らは急いでお城にもどりました。

p.19 Actually, Hans is a bad guy!
ほんとうは、ハンスは悪い男だったのです！
Watch out!
あぶない！
Hans attacks!
ハンスがおそってきます！

p.20 Anna's body freezes to solid ice.
アナの体はこおってかたい氷になります。

p.21 Anna is in front.
アナは前にいます。
Elsa is in back.
エルサは後ろにいます。

p.23 Elsa hugs Anna and cries.
エルサはアナを抱きしめて泣きます。
Then Anna begin to thaw!
するとアナは溶けはじめたのです！

p.24 Winter ends.
冬は終わりました。
Summer starts.
夏が始まります。
Elsa and Anna are so happy!
エルサとアナはとても幸せです！

p.25 Sisters together.
姉妹はずっといっしょです。
Elsa, Anna, and Olaf...
エルサとアナとオラフは……

p.26 Friends forever!
永遠に友だちです！

アルファベットに親しもう！

アルファベットには大文字と小文字があります。AからZまで順番に見くらべてみましょう。

大文字

A B C D E F G H I J K L M

小文字

a b c d e f g h i j k l m

アルファベットで楽しもう！ アルファベット迷路

こたえは33ページにあるよ

大文字のAからZの順番にアルファベットをたどって、エルサに会いに行きましょう！

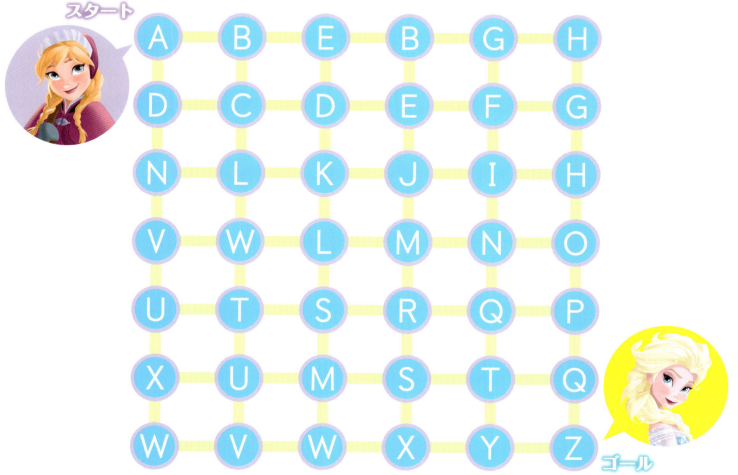

大文字と小文字でかたちが違うものがあるんだね！

英語で名前を書くときは、いつも大文字で書き始めるよ。

N O P Q R S T U V W X Y Z

n o p q r s t u v w x y z

アルファベットを探してみよう！

こたえは33ページにあるよ

下のイラストが出てくるページから、このアルファベットを探してみよう。どのページかな？

A a
Anna

H
Hans

h
horse

O
Olaf

Q
Queen Elsa

S
Sven

英語のことばをおぼえよう！

英語にもいろいろなことを表現することばがあります。どんなことばがあるか見てみましょう。

季節をあらわすことば

spring 春

summer 夏

autumn／fall 秋

winter 冬

家族をあらわすことば

sister 姉・妹

brother 兄・弟

mother お母さん

father お父さん

grandmother おばあちゃん

grandfather おじいちゃん

使ってみよう This is my mother.
こちらは私のお母さんです。

きもちをあらわすことば

happy 幸せ   sad 悲しい   angry 腹が立つ
hungry おなかがすいた   sleepy ねむい   tired つかれた

使ってみよう
I'm happy.
ぼくは幸せです。
| I'm hungry.
私はおなかがすいています。

意味が反対のことば
反対の意味になることばをいっしょにおぼえましょう。

例

little snowman ←→ big snowman
小さい雪だるま　　大きい雪だるま

front 前 ←→ back 後ろ
cold 寒い ←→ hot 暑い
fast 速い ←→ slow 遅い

英語で言ってみよう！

映画のセリフを使って英語で話してみましょう。

自己紹介してみよう！

"Hi, I'm Olaf."
「やあ、ぼくはオラフ」

"Hi, I'm～"のあとに、自分の名前を入れて言うと、自己紹介をすることができます。

使ってみよう

"Hi, I'm Taro."
「やあ、ぼくはタロウ」

"Hello, I'm Yuka."
「こんにちは、私はユカです」

Hi と Hello は同じ意味ですが Hi のほうが少しくだけた感じです。また同じことばで返事するよりも、違うことばで返事をするほうがより自然な会話になります。
I'm ～は一対一で自己紹介するときによく使われます。

好きなものを伝えてみよう！

"I like warm hugs."
「ぼくはやさしく抱きしめてもらうのが好きなんだ」

"I like～"は、自分の好きなことを言うときのことばです。自分の好きなことを"I like～"の後に入れて言ってみましょう。

使ってみよう

"I like apples."
「私はリンゴが好きです」

"I like soccer."
「ぼくはサッカーが好きです」

28ページのこたえ

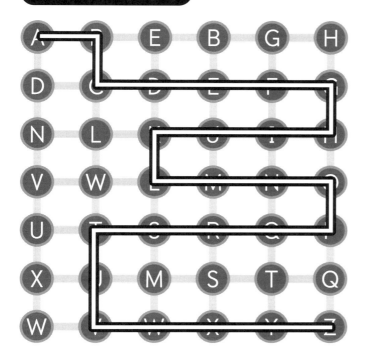

29ページのこたえ

Anna	2ページ
Hans	19ページ
horse	6ページ
Olaf	9ページ
Queen Elsa	4ページ
Sven	8ページ

英語で楽しもう　ディズニーストーリー①
FROZEN アナと雪の女王

発　行	2018年4月　第1刷
監　修	荒井和枝
発行者	長谷川　均
編　集	大野里紗　崎山貴弘
発行所	株式会社　ポプラ社
	〒160-8565　東京都新宿区大京町22-1
	電話　（営業）03-3357-2212　（編集）03-3357-2635
	振替　00140-3-149271
	ホームページ　www.poplar.co.jp
印刷・製本	図書印刷株式会社

監修　荒井和枝（あらい かずえ）

筑波大学卒。仙台市内公立中学校を経て、筑波大学附属中学校非常勤講師、平成21年より筑波大学附属小学校に勤務。小学校教育英語学会所属。

●装丁・デザイン
株式会社ダイアートプランニング　大場由紀

●編集協力
フューチャーインスティテュート株式会社　為田裕行

©2018 Disney Enterprises,Inc.
Printed in Japan
ISBN978-4-591-15747-3　N.D.C.837　32p　27cm

●落丁本・乱丁本は送料小社負担にてお取り替えいたします。小社製作部宛にご連絡下さい。
電話0120-666-553　受付時間は月～金曜日、9:00～17:00（祝日・休日は除く）

●読者の皆様からのお便りをお待ちしております。
いただいたお便りは、編集部から編集協力者にお渡しいたします。

●本書のコピー、スキャン、デジタル化等の無断複製は著作権法上での例外を除き禁じられています。
本書を代行業者等の第三者に依頼してスキャンやデジタル化することは、
たとえ個人や家庭内での利用であっても著作権法上認められておりません。

英語で楽しもう ディズニーストーリー 全5巻

かんたんな英語の文章でディズニー映画のストーリーが書かれた英語絵本です。

小学校中学年〜中学生向き N.D.C.837　AB判・各32ページ

① **FROZEN** アナと雪の女王

② **WRECK-IT RALPH** シュガー・ラッシュ

③ **BIG HERO 6** ベイマックス

④ **ZOOTOPIA** ズートピア

⑤ **MOANA** モアナと伝説の海

【監修】荒井和枝
筑波大学附属小学校教諭

★ポプラ社はチャイルドラインを応援しています★

こまったとき、なやんでいるとき、
18さいまでの子どもがかけるでんわ
チャイルドライン®
0120-99-7777
ごご4時〜ごご9時　＊日曜日はお休みです
電話代はかかりません　携帯・PHS OK